Story

創価教育の源流

牧口常三郎

プロローグ

価値創造の人生

教育こそが新しい世界を創《つく》り、人類の未来を決する。
アメリカで、ブラジルで、インドで、
韓国、シンガポール、マレーシア、香港、ベトナムで――。
いま多くの国と地域で、真の人間教育の扉を開くため
創価教育の実践がはじまり、研究が進む。

牧口常三郎は、近代日本の幕開けと、ほぼ同時に生をうけた。
牧口の教育者としての人生は、日本が、世界の列強に伍《ご》し、
帝国主義体制への道を突き進む、その真っただなかにあった。
民衆の上に「国家」が重苦しくのしかかる時代のなかで、
彼はつねに「民衆」に目を向けつづけた。

人は何を求めて生きるのか。人生の目的が幸福だとするならば、
教育の目的もまた、そこにあらなければならない。
では、一人の子ども、ひいては民衆の幸福はどうすれば築けるのか。
終生、牧口を突き動かしていたのは、この苛烈《かれつ》なまでの問いかけだった。

幸福は、与えられるものではない。
自らの知恵で価値を創造しながら勝ち取るものだ。
そう思い至ったとき、牧口の教育思想は鮮やかな光彩をおび、
不朽《ふきゅう》の体系に結実《けつじつ》した。
「人間の幸福」を叫び殉教《じゅんきょう》した彼の思想は、
新世紀を迎え新たな輝きを放つ。
牧口常三郎の人間愛に満ちた、価値創造の生涯をたどる。

目次

取材・文／鳥飼新市　装幀／森坂芳友（デザインスタジオ サウスベンド）
写真／Seikyo Shimbun

つづる

殉教の気概で
人道と正義をつらぬいた
行動する思想家

Tsunesaburo Makiguchi
Story

常三郎

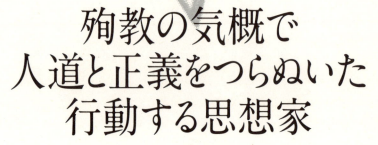

エピソードで

○歳～七三歳

牧口

〇歳～一八歳

一八七一（明治四）年～一八八九（明治二二）年

牧口常三郎は日本海を「花綵《かさい》内海」、すなわち〝花づなの海〟と呼んだ。
花づなとは、花の首飾りのことだ。
その〝花づなの海〟のほぼ真ん中、柏崎県刈羽《かりわ》郡荒濱《あらはま》村
（現・新潟県柏崎市荒浜）に、牧口が生をうけたのは、
1871（明治4）年旧暦6月6日のことだった。
渡辺長松とイネの長男で、長七と名づけられた。
鳥羽・伏見の戦いにはじまった明治維新の内戦がようやくおさまり、
日本が近代国家への基盤を急速に整えようとしていたころである。
日本海海岸の村の暮らしにも、
社会の変化の大きな波はひたひたと寄せていた。

荒浜・小樽

両親との幼い別れ

荒浜《あらはま》では雪は横から降る。海からの強い風が、横なぐりの雪を生むのだ。雪のない季節は、砂が舞い、一夜にして村の地形を変えた。

作物を育てるには厳しい環境で、人びとは暮らしの糧《かて》を海に求めた。漁の技術をみがき、優良な魚網を考案した。その網が、北の漁場で重宝《ちょうほう》され、日本海を行き来する北前船《きたまえぶね》の格好な交易品となった。

魚網で富を得た荒浜村は環境の厳しさにもかかわらず、当時戸数400戸を数え、刈羽《かりわ》郡百数十町村のなかでも最も大きな集落の一つだった。

長七の父・長松は、船乗りだったといわれている。だが、暮らしは厳しく、長松は、幼いわが子を残し、北海道へ出稼ぎに渡り、消息が途絶えた。

やがて、母・イネは村内の柴野杢右衛門《もくえもん》と再婚し、長七は長松の妹・トリの嫁《とつ》ぎ先である牧口善太夫の養子となる。長七、5歳の春のことだった。

砂浜を黒板にして

子宝に恵まれなかった善太夫・トリ夫妻は、長七を実のわが子のようにかわいがった。長七は、心根《こころね》のやさしい、利発で思慮《しりょ》深い少年だった。養家と目と鼻の先にある実家でひとり暮らす祖父の面倒もよくみた。

小学校にあがると、読み書きに興味を覚え、新しい知識をどん欲に吸収した。すぐにクラスのみんなは長七を「優等生の牧口」「秀才の牧口」と、一目《いちもく》おくようになった。

水深の浅い荒浜では、沖に北前船が停泊すると浜からいっせいに小舟が漕《こ》ぎ出していく。行きは北前船に積む漁網を乗せ、帰り舟には生活の必要品を乗せてくる。善太夫の家も、そんな小舟をもつ小さな回漕《かいそう》業者とも、漁網づくりや海産物の商いに従事していたとも、いわれている。

戦場のようなにぎわいのなかでは、ネコの手も借りたいほどの忙しさだ。長七も、学校を休み、荷運びの手伝いをした。

家の仕事の手伝いで学校に行けなかった日には、きまって長七は浜辺で同級生と待ち合わせをした。その日、学校で習ったことを教えてもらうためだ。真剣な長七の質問に、友達も時間を忘れ、砂浜を黒板がわりに勉強を教えてくれた。

希望の天地・北海道へ

下等小学（当時の学制で4年）を卒業すると、長七は、義父・善太夫のもとで働くようになった。だが、向学の志はなくならない。村内にも、長七の資質《ししつ》を惜《お》しむ声が強かった。

荒浜の漁網は麻で編んだ網だった。しかしそのころ、外国から麻より強い綿が安価で輸入されるようになり、漁網の主流は麻網から綿網に変わろうとしていた。村の漁網の生産にもかげりが見えはじめていた。善太夫の家業も次第に傾いていった。荒浜は、漁網の交易を通じて、江戸時代、北海道で唯一《ゆいいつ》の藩だった松前藩《まつまえはん》とのかかわりが深かった。村には「松前行き」という言葉もあり、子どもを松前の商家に奉公《ほうこう》に出すことが、普通に行われていた。その北海道では、着々と全道開拓の基礎が築かれていた。

北海道に行けば希望が開けるかもしれない。善太夫夫妻は長七の前途も考えてのことであろう、北海道行きを決める。

1884（明治17）年、13歳の長七は、養父母とともに、故郷を後にし、親類を頼り新天地・小樽《おたる》に向かった。

勉強給仕の異名

そのころ、港町・小樽は、北海道随一の都市だった。政治の中心地・札幌よりもにぎわい、レンガづくりの西洋建築が建ち並んでいた。札幌—小樽を結ぶ鉄道も敷《し》かれ、文明開化の息吹に満ちあふれていた。

長七は小樽警察署給仕の職に就いた。給仕の仕事は、お茶くみ、使い走りなどの雑用や簡単な事務整理だった。仕事がないときは空いた机で読書するのも勝手だし、なにより夕方定時に仕事が終わることが、長七にはうれしいことだった。夜、時間を気にせず自由に学ぶことができたからだ。

長七は、給金で本を買って読むことができるようになった。通信講義録や学習雑誌を手に独学に励み、時間があれば読書をする姿を見て、署員《しょいん》たちはだれいうとなく長七を「勉強給仕」と呼び、親しんだ。

署長で、小樽郡長も兼ねていた森長保も、そんな勤勉な長七をかわいがっていた。

1889（明治22）年、森は、17歳になった長七に札幌の北海道尋常師範学校への入学をすすめ、郡区長推薦枠の第一種生として推薦した。全寮制で、制服も支給され、わずかながらも支給金が出る師範学校は、苦学生である長七にとってまことに得がたき学びの場となった。

「もとこれ荒浜の一寒民漂浪半生を衣食に徒消《としょう》していまだいささかの世上に貢《こう》するものなし」

一八歳～三〇歳

一八八九（明治二二）年～一九〇一（明治三四）年

北海道尋常師範学校の学生となった牧口長七は、勉学に励む。
師範学校では、教育、国語、英語、数学など
14科目のカリキュラムが組まれていた。
そうしたなか、牧口は、地理科という教科に興味をひかれていく。
教職に就くと、牧口は教育学への思索を深めつつ、地理の研究もつづけた。
人間社会と地理との関係を解きあかしたい――。
たぎるような志は、牧口の社会を見る目を開かせ、
教育改革へのさまざまな視点を与えた。

青年教師

Tsunesaburo Makiguchi
Story

初めての授業

師範学校の4年生の6月、牧口は、4か月間の「実地授業」をすることになった。教生（教育実習生）として担任をしたのは、師範学校附属小学校の高等科1年（現在の5年生）の女子児童のクラスだった。

そのときの印象を、後に牧口は、こう記している。「生まれて始めて教壇に上ったのであるから、その狼狽《ろうばい》振りは思ひやられる。それでもまあ子供等が云ふことを聞いたものだと、今でも冷汗がでる」と。

牧口は、このクラスでユニークな作文教育を試みた。その当時から作文は、教科書もなく、できる子とできない子の差が大きく開く科目だった。

牧口は、作文の苦手《にがて》な子も楽しく参加できる指導法はないかと考えたのだ。そして思いついたのが、まず基本の文章を見せ、それをまねて子どもと一緒に別の文章をつくり、そして最後に子どもたち自身でアレンジさせていくという方法だった。

このとき、すでに牧口は「文型応用主義」による作文指導法の原型を編み出していたといえる。

この作文の授業は、子どもたちに書くことへの自信をもたせ、附属小の主事や教師たちの高い評価を受けた。

単級教室を担任

牧口が師範学校を卒業するのは、1893（明治26）年3月のことだ。その年の1月、彼は名前を長七から常三郎と改めている。

成績優秀だった牧口は、卒業と同時に附属小学校の訓導《くんどう》（教師）となった。そこで受け持ったのが単級教室だった。

単級教室というのは、複数の学年の子どもたちで編成されている学級のことだ。北海道も、単級教室の学校がほとんどだった。その教育方法を研究するために、附属小にも単級教室がつくられていたのだ。若き牧口は、その研究を任されたのである。

同じ教室で、複数の学年の子どもたちを同時に教えなければならない。責任感と探究心の強い牧口は、この課題に前向きに取り組んだ。彼を支えていたのは、一人ひとりの子どもたちに対する愛《いと》おしみの感情だった。

アカギレをつくっている子どもの手をやさしくお湯で温めてやったり、吹雪のなか遠い家の子どもをおぶって連れ帰ったりしたという。

クマ夫人との結婚

附属小の訓導となって2年目、1895（明治28）年8月、牧口は東京で開催された文部省主催の単級教授法の講習会に、北海道庁から派遣されて参加した。3週間の講習会での講義を、一言も聞きもらすまいという勢いで克明なメモに残した。

若き教師として牧口自身、充実した日々を送っていたのである。この年、故郷荒浜村の有力者の一人であった牧口熊太郎の娘・クマとの縁談がまとまり、二人は結婚する。新郎25歳、新婦19歳だった。

北海道教育界を担う新星

単級教授法の講習会から戻った牧口は、そのときの丹念なメモを元に、講義録を地元の新聞(『北海道毎日新聞』)や教育雑誌(『北海道教育雑誌』)に掲載した。

その後も、単級教授法にとどまらず、教育改革に向けての論文を執筆し、発表しつづける。

1896（明治29）年6月には、中等学校の教員資格試験であった文部省中等学校検定試験（文検）の地理地誌科に、北海道で初めて合格した。それによって、翌年11月から北海道師範学校助教諭となり、附属小学校の教壇に立つと同時に、母校で地理を講義するようになった。さらに、1900（明治33）年3月には文検の教育科を受験、1科目でも至難といわれる文検に2科目の合格をはたした。

すでに附属小の主事事務取扱（校長）になっていた牧口は、文検教育科に合格した年には28歳の若さで師範学校教諭兼舎監となった。牧口は、現場の教育者としても、その才能を発揮し、北海道教育界を担う人物と期待されていたのだった。

独自の〝世界観〟の確立を目指して

教育者として職務に邁進《まいしん》する一方、牧口は地理学への情熱を燃やした。独自の視点で、たゆまない研究を積み重ねていた。

それは、人間の社会と地理との関係を解きあかし、人間社会の進むべき道を明らかにしたい欲求だった。おりにふれ思索し、書きつづってきた原稿は、ゆうに数千枚を超えていた。

牧口の地理研究に刺激を与えたのは、師範学校卒業の翌年に相次いで出版された内村鑑三《うちむらかんぞう》の『地人論』や、志賀重昂《しがしげたか》の『日本風景論』だった。

いつしか牧口も、自分の地理研究の成果を世に問いたいとの思いが強まっていた。

三〇歳〜四二歳

一九〇一（明治三四）年〜一九一三（大正二）年

明治の日本は、世界へ門戸を開き、近代化へと全力で富国強兵の道を進んでいく。朝鮮半島に進出し日清戦争に勝利した日本には、国家主義的な風潮が急速に高まっていった。

文明開化の息吹が国家主義の潮流に押し流されようとする、まさにそうした時期に、牧口は北海道で地理学の研究に励んでいたのだった。

1901（明治34）年5月、地理学の原稿をたずさえて牧口が上京したのは、日本が対露戦争に立ち向かおうとするときにあたっていた。

窮乏生活

志賀重昂の励まし

わずかばかりの退職金を支えにした東京での借間住まい。すでに二児の父となっていた牧口は、生活の困窮《こんきゅう》と闘いながら地理学の研究を進めた。そんな夫の決意を、妻のクマは質屋通いなどをし懸命に支えた。

自分の研究を、学術的により確かなものにするため、牧口は、まず歴史・地理学界の長老であった東京帝国大学教授の坪井九馬三《つぼいくめぞう》博士を訪ねた。坪井博士は、紹介状もなしに訪ねてきた牧口を快く迎え、研究の方法など、度重なる相談に応じてくれた。

翌1902(明治35)年、牧口は書きためた大部《たいぶ》の原稿を風呂敷《ふろしき》に包み、地理学者・志賀重昂のもとを訪ねた。突然の訪問にもかかわらず、志賀も胸襟《きょうきん》を開き、原稿に目を通しながら牧口の熱い思いを聞いた。

志賀は、牧口の志の深さに動かされ、

「まず、この原稿を半分にすることだ」

と具体的なアドバイスをし、できるだけの援助を約束した。版元《はんもと》（文會堂）が決まったあとも、大幅に書き縮められた原稿の校閲《こうえつ》も引き受けてくれたのだった。


牧口は、志賀の恩を生涯忘れなかった。後年、志賀が敗血病で死の床についたとき、実現はしなかったものの当時まだ一般的でなかった輸血を医師に申し込むことまでした。

『人生地理学』の発刊

牧口の最初の主著『人生地理学』が発刊されたのは、日露戦争の前年にあたる１９０３（明治36）年のことだった。ロシアとの開戦論が世論の頂点に達するなか、牧口は、その著書で人道的な世界調和の必要を説いた。『人生地理学』の「人生」とは、「人の精神的・社会的生活」という意味だ。牧口が地理学の本を出版しようと決意したのは、学校教育のなかで地理学の重要性が見落とされていたからだった。牧口には、地理教育の方法を改良すれば、多くの教育上の疾患《しっかん》も解決できるとの確信があった。牧口の考える地理学は、〝人〟と〝地〟の関係を読み解き人が生きるうえでの確かな世界観と目的を探究する学問にほかならなかった。

1000ページに及ぶ大著『人生地理学』では、地理・地勢の解説にとどまらず、人間社会の営みと地理の関係を語り、自然との共生を訴え、さらには世界市民の自覚に立った新たな世界観の提示までがなされている。

それは、当時の日本の地理学を塗りかえるほどのインパクトをもち、小《お》川《がわ》琢治《たくじ》、新渡戸稲造《にとべいなぞう》など、著名な学者たちに感銘を与えた。現場の教師や学生の間でもよく読まれ、文検地理科受験者の必読書とまでいわれた。

在野の教育家として

『人生地理学』は、毎年のように版を重ねていった。だが、牧口の生活は、依然として貧しく、つつましやかだった。

『人生地理学』を発刊して2週間ほどすぎたころ、牧口は、東京高等師範学校の同窓会である茗渓会《めいけいかい》の書記の職に就いた。事務の仕事をするかたわら、同会発行の雑誌『教育』の編集にたずさわっていた。地理学の講演を頼まれたり、いくつかの雑誌に論文を発表するようにもなった。

やがて、女子教育のための通信教育を行う大日本高等女学会の創立に参画し、主幹として、その教材や機関誌の編集を手がけるようになった。牧口は、茗渓会の書記の職を退き、その通信講座の運営に専念する。さらには、少女雑誌『日本の少女』や教員向けの科学雑誌『先世《せんせい》』の編集も手がけた。

このころの牧口は、在野にあって、教育の実践家として、また教育ジャーナリストとして、幅広い活動をしていたのである。

その一方、中国からの留学生のための学校であった弘文学院（のちに宏文学院と改称）で、地理学の講師をし、『人生地理学』を講義していた。留学生たちの世界観を一変させるような講義で、帰国した留学生のなかには牧口の『人生地理学』を中国語に訳し、自国で出版した者もいた。

社会主義者との交流

東京に出た牧口は社会主義者たちとも交流し、議論していた。それは、アカとまではいかないまでも、「桃色くらいには染まっていたとして、当時のブラックリストに余の名が載《の》っていたかもしれぬ」と牧口自身が回想するほどだった。

日本の近代化による資本主義の発達は、新たな貧富の差を生み、社会問題や労働問題などが深刻化していた。『人生地理学』が発刊された時期は、日本の社会主義運動の黎明期にあたる。『人生地理学』は、社会主義の新聞『平民新聞』の書評欄でもとりあげられた。

社会的な視点で地理を読み説き、社会と人の生活のあるべき姿を探ろうとする牧口の志向は、社会改革を志す社会主義者の目指す方向と、そんなに違わなかった。ただ、急進的な行動で体制を崩すという彼らの方法論には、牧口は同意することができなかった。

郷土会と農村調査

1910(明治43)年8月、牧口は、文部省の教科用図書調査嘱託《しょくたく》として、図書課で地理教科書の編さんに従事することになった。

12月には、『人生地理学』を通して知遇《ちぐう》を得た新渡戸稲造を中心に郷土会が結成された。牧口も入会し、柳田國男《やなぎたくにお》などと親交を深めた。牧口は、もともと自らの地理研究のうえで郷土を重視していたこともあり、月1回の例会や調査旅行にも、率先して参加した。

翌年8月に、牧口は農商務省山林局の嘱託として大分県の津江《つえ》三村、熊本県の小国《おぐに》二村の生活実態調査をしている。彼の調査の手法は、非常に科学的なものだったという。

「吾人は数百乃至数千の一郷民たるが上に五千万の一国民たりしかしてなお十五億万の一世界民たることを自覚するをうべし」

四二歳〜五〇歳

一九一三（大正二）年〜一九二一（大正一〇）年

牧口常三郎が、初等教育の現場に戻った大正年間は、第一次世界大戦による大戦景気に世はわき、世界的なデモクラシーの風潮を背景に自由主義や民主主義的な意識が高揚していった。
教育界においてもさまざまな自由主義教育の主張がなされ、その実践が行われた。牧口も、独自の教育改革の方法を胚胎《はいたい》させていく。そんななか、生涯の弟子との出会いを得る。

師弟の契

Tsunesaburo Makiguchi
Story

文房具の一括購入

1913（大正2）年4月、牧口は、東京・下谷区（現・台東区）にあった東盛《とうせい》尋常小学校の校長に就任する。校区の住民の多くは貧しく、日雇《ひやと》い稼《かせ》ぎで生計を立てていた。

牧口は、校長室にいることが珍しく、いつも各教室をまわっては子どもたちの表情や授業の様子を見た。老朽化《ろうきゅうか》した校舎の廊下は、歩くとギシギシ鳴った。授業のじゃまにならないように、牧口はつま先を立てて静かに歩くのがつねだった。

ノートや鉛筆を満足にもっている子どもは少なく、傘《かさ》がないため雨がふると学校を休む子どもも多かった。牧口は、学習の環境を整えるために、少なくとも文房具はみんなにいきわたるようにしなければと悩んだ。

そして、文房具の一括購入《いっかつこうにゅう》をすることを考えつく。何軒かの文房具店で値段の交渉をし、子どもたちに安価で文房具をわけた。

牧口は、貧しい子どもたちのために校長としてできることは何かとつねに考え、ときには自分の身銭《みぜに》をさいて子どもたちの教育環境の改善に役立てていったのだった。

教師の質が教育を左右する

東盛小の校長を務めて3年目、隣町に大正尋常小学校が新設されることになった。かねがね牧口の校長としての姿勢を見聞きしていた父母たちに請《こ》われる形で、牧口はこの新設校の校長に就任する。

新しい学校で父母が期待する教育成果をあげるためには、才能とやる気のある人材を集めることだと、牧口は考えた。

あらゆるつてを頼り、全国から教員を募集した。北は樺太《からふと》（現・サハリン）から南は台湾まで、26人の定員に150を超える応募があった。

牧口の採用基準は、「真面目であること」「大きな希望をもっていること」「何か一つ特技をもっていること」の三つだった。

そうして選んだ教師たちと自由に話し合いながら、学校の年間目標を立て、授業研究の計画を立てていった。大正小に集まった教師たちのだれもが、牧口の元で理想の教育を実践しようという息吹にあふれていた。

弟子との運命的な出会い

ある日、大正小の校長室に地元の有力者が訪ねてきた。自分の子を特別扱いしてほしいという相談だった。牧口は、言下《げんか》に断わった。それを根にもった有力者は、次席訓導と結託し、当時、東京市政を牛耳《ぎゅうじ》っていた政友会の高橋義信《たかはしよしのぶ》に牧口の転任を依頼した。

そのうわさを聞きつけた教師や父母たちは、牧口の留任運動に立ち上がった。教師は一丸《いちがん》となって辞表を書き、父母たちは子どもを〝同盟休校〟させた。なかには街頭に立って牧口の留任を訴える演説をするものもあった。東京府議会議長が仲介に入り、騒ぎをおさめたものの牧口の転任は動かせなかった。こうして、1919（大正8）年12月、牧口は西町尋常小学校に転任する。

西町小に移って間もなく、1月のことであった。度の強いメガネをかけた長身の青年が牧口を訪ねてきた。

北海道から出てきた戸田甚一《じんいち》と名乗った、牧口常三郎48歳、戸田甚一19歳。これが二人の運命的な出会いとなった。青雲の志を抱いて上京してきた戸田を、牧口はその後、西町小学校の臨時代用教員に採用している。

戸田は、牧口に会ったとき、自分の経歴や教育に対する意見をあふれるように話した。そして、「先生、私をぜひ採用してください。私はどんな劣等生でも必ず優等生にしてみせます」と語った。

静かに聞いていた牧口は、「君の才能は成功すれば素晴らしく成功し、失敗すれば大いなる敗残者になるだろう」と、若者の本質を見極め忠告した。だが、どこか憎めない若者に何かひかれるものを感じたのだった。

極貧家庭に教育の光を

西町小は、高橋義信の地元だった。

歴代の校長は、必ず高橋に就任のあいさつに行くのがならわしになっていた。権威、権力に媚《こ》びることをきらう牧口は、在任6か月ほどで西町小も追われ、三笠《みかさ》尋常小学校に移ることになる。三笠小は、最貧民《さいひんみん》家庭の子どもたちのためにつくられた授業料免除の特殊学校のひとつであった。

牧口は西町小で牧口の留任運動をしていた戸田のことも心配し、彼の代用教員の任期が終わると、三笠小に移れるようにした。

三笠小の授業は、午前、午後の二部制だった。学校にこない子どもも多く、牧口は子どもたちの家を一軒一軒訪ねては、家庭の様子を聞き、教育の大切さを訴えて歩いた。子どもを学校に通わせるには、なにより親の理解が大切だと考えてのことだ。

学校へ弁当をもってこられない子どものために、牧口が身銭を切って、豆もちや握り飯などを用務員室に用意していたのも、この学校でのことだ。学用品は支給されていたが、弁当は自前だったからだ。特に貧しい子どもや弁当のない子ども100人にその後、学校給食を実施している。

子どもたちの散髪《さんぱつ》も教師の仕事だった。バリカンで子どもたちの頭を刈りながら、ときには学校の宿舎内の風呂に子どもたちを入れながら、牧口はいろいろな話をした。そうしたふれあいのなかで、衛生に対する意識や、基本的な生活習慣を身につけさせていった。戸田も、そんな牧口の仕事に全力で協力した。

教育にとって大切なことは
子どもたちの知恵の扉を開き
自分の生活をよりよいものに
していける能力を身につけさせることだ――。
そう考えていた牧口は、
〝生活の学問化、学問の生活化〟の必要性を
ことあるごとに主張した。

白金時代

五一歳～五七歳

一九二二（大正一一）年～一九二八（昭和三）年

牧口は、その校長生活の後半のほぼ10年間を、白金尋常小学校で過ごす。
白金小では、これまで温めてきた自分なりの教育理論を、
若い教師たちとも議論し、実践していくことができた。
そうしたなかで、牧口は、教育改革の方法への思索を
一つ、また一つと、形にしていった。
やがて、それらは彼の教育思想へと結実していく。
牧口にとって、白金時代は、教育者としての黄金期だったといえる。

白金尋常小学校長就任と時習学館

水面下で進んでいた牧口排斥《はいせき》の画策は、ついに免職《めんしょく》という形で実を結ぼうとしていた。三笠尋常小学校に移って3年目の1922（大正11）年3月のことだ。

ところが偶然にも、牧口の免職の辞令が、東京市の助役をしていた前田《まえだ》多門《たもん》の目に止まった。前田は、郷土会の役員で、牧口の親しい友人でもあった。前田の助力で、牧口は白金《しろがね》尋常小学校に栄転することになった。

当時、牧口の人脈は驚くほど広く、教育界や地理学者の仲間だけでなく、官界や政界にも知人がかなりいた。しかし、牧口は、こと自分の人事については、そうした友人を頼ろうとは一切しなかったのだ。

牧口の白金小への栄転と同時期に、戸田は、教職を去る。大学への進学を志してのことだ。そんな戸田に、牧口は補習教育の塾を開くことを進める。そして、白金小にほど近い目黒の幼稚園の一室を借りる話もつけた。これが、戸田の事業の基礎となっていく時習学館《じしゅうがっかん》のスタートだった。

月曜講演と英語の勉強

白金小では、牧口は自由に自分の考える教育実習を行うことができた。牧口は、教育の質は、ひとえに教師の質にかかっていると考えていた。子どもにとって、わかりやすく興味をもたせる授業ができるように、教師はつねに自らの教育技術をみがいていかなければならないというのが持論《じろん》だった。

そのために教師は、広くものを学び、また自分の授業を反省する姿勢を忘れてはならないと、いつも口にした。

牧口は、赴任翌年の5月から、毎週月曜日の放課後の時間を、教師自身が自らをみがく場として当てることにした。「月曜講演」と呼ばれたこの時間に、教師たちはみんなで教育書を読みあったり、それぞれのテーマで研究発表をしたりした。ときには、学者や専門家などを呼び、講義を受けることもあった。牧口がその第1回を担当した。

牧口自身、内外の教育書や哲学書などを精力的に読み、さらには英語の勉強もつづけていた。そうした彼の姿は、言葉を超えて、白金小の教師たちに啓発《けいはつ》を与えた。

骨書きと文型応用主義と

牧口は独自に考案した新しい教授法も教師たちと共有し、実際に教室で試していった。

けっして校長命令というような押しつけではなく、教師たちにその教授法の内容とねらいを説明し、何回もの議論を重ねて理解を得たうえでのことだった。

たとえば、文型応用主義の作文指導だ。それを実践したクラスでは、たしかに子どもたちの作文の上達がはやくなった。

手本の字の輪郭《りんかく》を鉛筆で写して字の形を覚えさせる習字の教授法である「かご書き」や、字の骨格を写しそれをなぞって書く「骨書き」も、デッサンを強調した図画の教授法なども、こうした教師たちとの議論のなかで、さらに完成度が高まっていったのだった。

小善会の活躍

1923(大正12)年9月1日の正午前、関東南部をマグニチュード7・

9の地震が襲《おそ》った。のちに関東大震災と呼ばれるこの大地震は、10万人を数える死者・行方不明者をだし、焼失《しょうしつ》家屋21万2千余戸、全壊10万9千余戸、半壊10万2千余戸、被災者340万人におよぶ大災害となった。その半数以上の被害は、人家が過密な東京でのものだった。

白金小のある一帯は、幸いなことにほとんど被害を免《まぬか》れた。震災から2週間ほどたった16日、牧口は、職員会議で古着類を集めて被災者に贈ることを諮《はか》り、6年生と卒業生たちに被災者救援のボランティアをすることを呼びかけた。

その呼びかけに250人の子どもたちが参加した。牧口は、彼らを「小《しょう》善会《ぜんかい》」と名づけた。

小善会のみんなは、衣服など被災者にわけてあげられるものを用意してほしいと書いたビラを、被害を免れた家一軒一軒に配ってまわり、何組かにわかれ、大八車を引く職員と品物を取りにいった。持ち帰った物資を仕わけするのは、女の子たちのしごとだった。

牧口はつねづね、子どもたちに「魚が水から出たら死ぬように、人間も社会を離れて生活できない」と語っていた。彼は子どもたちに社会性、つまり共同生活や社会生活を大切にする心を身につけさせることも教育の大きな柱だと考えていたのだった。

名門といわれる学校に

牧口は、教育の成果をあげるためには父母の学校への理解が欠かせないと保護者会の改革も進めた。父母が気楽に保護者会に参加できるよう、ひと握りの有力者が独占していた保護者会の役員を選挙で選ぶようにしたのだ。

さらに、学校と父母との連絡や協力が密《みつ》にできるように、『しろかね』（のちに『シロカネ』）という学校の機関誌も発行していた。

牧口の目は、いつも、どうすれば子どもたちのためになる教育ができるのかという点に注がれていた。

1927（昭和2）年5月、白金小は、まだ東京でも珍しい鉄筋コンクリート3階建ての新校舎に生まれ変わった。震災を経験した牧口が、子どもたちの安全のために、どんな地震にも耐え得るような校舎をつくろうと運動をした結果だった。

こうした牧口の努力によって、白金小は東京市内でも名門と呼ばれる学校になった。

「教師はたえず研鑽《けんさん》にはげみ学識をみがかなければならない」

五七歳〜六一歳

一九二八（昭和三）年〜一九三二（昭和七）年

1928（昭和3）年は、牧口の人生にとって大きな転機となった。60歳を前にして、日蓮仏法という、心から納得できる宗教に出合ったのである。信仰への確信とともに、彼は、子どもの幸福のための教育学を体系化し、出版しておこうと決意する。それを、戸田は、全力で支えた。こうして、師と弟子の共同作業ともいえる『創価教育学体系』は世に問われることになった。

創立の志

Tsunesaburo Makiguchi
Story

日蓮仏法との出合い

牧口は、ふとしたきっかけから、目白商業学校の校長である三谷素啓《みたにそけい》の存在を知る。

三谷は日蓮正宗の信徒で、在家でありながら日蓮仏法の思想を研究し普及させようと活動していた。

強い興味を覚えた牧口は、さっそく三谷を訪ね何日も通って議論を続けた。

三谷は、このころ『立正安国論』の出版を前に執筆中であった。三谷と牧口は、その『立正安国論』を中心にして、日蓮仏法（法華経）を語り合ったに違いない。

『立正安国論』は、日蓮が鎌倉幕府の実力者であった北条時頼《ほうじょうときより》に出した国家諫暁の書である。旅客と主人の問答の形をとり、飢饉や疫病、さらには地震などで国土が疲弊《ひへい》し、人心が荒廃《こうはい》している社会の現状を嘆《なげ》く旅客の衷《ちゅう》心《しん》からの問いに、主人は国土や人心を安んじるには正しい仏法である法華経に基づく以外にないと説き聞かせる。

その旅客の問いこそ、牧口の問題意識そのものだった。

大正時代の中ごろから、大戦景気の反動で日本経済は不況に落ち込み、物価の高騰《こうとう》がつづき米騒動も各地で起きた。その状況は、関東大震災のあとにさらにひどくなり、昭和に入ると金融恐慌《きんゆうきょうこう》がはじまりつつあった。都市には失業者があふれ、農村では娘の身売りが公然と行われるほど窮乏《きゅうぼう》していた。

牧口と三谷の二人の議論は、10日もつづいた。

やがて、牧口は、日蓮仏法の求道と実践の道を歩む決心をする。

生活法の一新

牧口は、学究の徒として、生涯、合理的で科学的な思考を重んじ、実証主義的な生き方をつらぬいてきた。だからといって宗教を否定していたわけではなかった。

すでに28歳のときの「山と人生」という論文で、宇宙には人力を超えた偉大な力が存在し、その力に対する畏敬《いけい》の念が宗教心を呼び起こすのだと書いている。

彼は、特定の宗教を信仰してはいなかったが、人間として生きるうえで根本となり、信ずるに足る宗教を求めていたのだった。

事実、キリスト教や禅、古神道などの教義も聞き、日蓮系の仏教講演会に足を運んだこともあった。しかし、帰依するには至らなかった。それは、それらの宗教が自分の科学観や哲学観と相いれなかったからだと、牧口は語っている。

「ところが法華経に逢《あ》ひ奉るに至っては、吾々《われわれ》の日常生活の基礎をなす科学、哲学の原理にして何等の矛盾《むじゅん》がないこと」を、知ったというのである。

一つには、「文証」「理証」「現証」を通して宗教の高低浅深を見極めるという日蓮仏法の方法論が、じつに科学的であったこと。さらには、日蓮仏法では信仰の対象が、人格的な神や仏ではなく、すべての人の〝仏の生命を開く法〟であったからだ。

日蓮仏法の信仰は、牧口に「言語に絶する歓喜を以てほとんど六十年の生活法を一新する」ほどの変化をもたらした。

「暗中模索《あんちゅうもさく》の不安が一掃《いっそう》され、生来《せいらい》の引っ込み思案がなくなり、生活目的が愈々《いよいよ》遠大となり、畏《おそ》れることが少なくなり、国家教育の改造を一日も早く行わせなければならないというような大胆なる念願を禁ずるに能《あた》わざるに至った」

と、牧口はのちに記している。その念願とは、すべての子どもたちの幸福のための教育を実現することにほかならなかった。

『創価教育学体系』発刊

1930（昭和5）年の2月のある日の夕刻、牧口は、目黒の戸田の自宅を訪ねた。二人の語らいは夜ふけにおよんだ。

「戸田君、小学校校長として教育学説を発表した人は、いまだ一人もいない。……私は、小学校校長として現職のまま、この教育学説を、今後の学校長に残してやりたいのだ」

そう話し出す牧口の思いを聞きながら、戸田は、師の学説の体系は自分が出版しようと決意した。

「先生の教育学は、何が目的ですか」

「価値を創造することだ」

「では先生、創価教育と決めましょう」

こうして、牧口の教育学説は『創価教育学』と名づけられることになった。

牧口は、独創的な自分の教育理論を、おりにふれ広告紙の裏やメモ用紙に書きとめていた。戸田は、牧口と話し合いながら、その膨大《ぼうだい》なメモを整理する作業とともに、牧口校長在職中の出版へと全力を注いだ。

そして1930（昭和5）年11月18日、『創価教育学体系』第1巻が発刊された。奥付けには、「著作者・牧口常三郎　発行兼印刷者・戸田城外

（後の城聖）　発行所・創価教育学会」とある。

その日は、師と弟子の、たった二人による創価教育学会の創立の日となったのである。

小学校校長を退職

『創価教育学体系』は、現職の小学校校長が長年にわたる実践と思索の結晶として世に問うた教育理論ということで、教育界に波紋を呼んだ。新聞や雑誌の書評でとりあげられ、一部の識者から高い評価を受けた。

政友会総裁の犬養毅《いぬかいつよし》をはじめ、内閣書記官長の鳩山一郎《はとやまいちろう》、郷土会以来の知人である新渡戸稲造、柳田國男などが名を連ねた創価教育学支援会も結成された。

発刊の翌年には、牧口は東京帝国大学での教育学懇談会に講師として呼ばれ、「創価教育学における五問題」という題で講演した。

しかし、牧口の存在を面白く思わない勢力もあり、１９３１（昭和６）年４月、白金小から、１年後に廃校が決まっている麻布新堀《あざぶしんぼり》尋常小学校への転属辞令が出された。

牧口は、その辞令に従い、１年後、麻布新堀小の廃校とともに、19年に及んだ校長生活に別れをつげた。

「人生の目的とは何か。
人生の目的をあえてひと口でいえばそれは『幸福』である。
したがって教育の目的は
人生の目的と一致しなければならない」

六二歳～六八歳

一九三二（昭和七）年～一九三九（昭和一四）年

１９２９（昭和４）年10月、ニューヨーク・ウォール街の株価大暴落から、世界を金融大恐慌が襲った。日本は、深刻な恐慌不況から脱する道を満州（現・中国東北部）の植民地化に求め、軍国化と侵略主義への道をひたはしるようになる。

１９３７（昭和12）年、中国本土に兵を進めた日本は、その戦争をつづける必要から国家総動員法を発令（１９３８年）し、息苦しい戦時体制下に国民はとじこめられていく。

そんななか、牧口は国家を憂《うれ》い、社会改革のために教育改造の急務なることを叫ぶのだった。

教育改造

故郷への師弟旅

戸田が出版のすべてを引き受けていた『創価教育学体系』は、1930（昭和5）年に第1巻を出してから、毎年1巻ずつ発刊されていた。牧口が校長職を退いたのは、第3巻の編集が進められていたときだった。

牧口は、退職金の半分を戸田に託して『創価教育学体系』出版の費用にあてた。

戸田と二人でつくった創価教育学会も、やがて時習学館の教師や、教育改造の理想に燃える若手の教師などが、牧口に共鳴し会員に加わっていた。

牧口は、教育改造を訴えるため、各地で講演活動を始めた。同時に、会の機関誌として戸田が『新教材集録』（後に『新教』、さらに『教育改造』と改題）を編集、発行し、精力的に創価教育の普及に努めた。

また、戸田は牧口と会の運営を、資金面でも支えつづけていた。

牧口は、講演に行くと、自分が考える教育改造の具体論を語り、終了後の懇談の場では、何人かの参加者とひざづめで、それを進めるには正しい信仰を根本に置くことが不可欠なのだと日蓮仏法を語った。そうして、一人、二人と、信仰に目覚めさせていった。

1933(昭和8)年8月、牧口は、「一緒に行こう。私の故郷を見たまえ」と、戸田を伴って故郷・荒浜に向かった。汽車の窓から見える山の断層を指して、「あれは第何紀のものだ」などと説明をした。戸田にとっては、思いで深い師弟旅となった。

仏法理解の深化

日蓮仏法を研鑽《けんさん》するために、牧口は日蓮正宗の僧で中野に歓喜寮を設立した堀米泰栄《ほりごめたいえい》から、直接、仏法の教義を学ぶようになった。早稲田大学東洋哲学科で学んだ堀米は、牧口の考える在家中心の信仰活動に強い共感を感じていた。

牧口には、四男四女、八人の子どもがいた。信仰に入った前後に、たてつづけに三人の息子を結核で失う。子どもたちの若い死に直面したことも、牧口の日蓮仏法理解を鋭く研《と》ぎすまさせ、深化させていた。

創価教育学会の整備

1935（昭和10）年春に、牧口が出した『創価教育学体系梗概《こうがい》』という小冊子に、当時の創価教育学会の会則が掲載されている。

それには、会の目的が、

「本会は創価教育学体系を中心に教育学の研究と優良なる教育者の養成と

をなし、国家教育の改造を計るを以て目的とす」と、書かれている。

牧口は、人々が幸福に暮らせる社会を築いていくには、教育によって賢明で強い心をもった民衆を育てていくことがなにより必要なことだと考えていた。

そして、牧口はこの「創価教育学体系梗概」の最後で、「結語＝法華経と創価教育」と題し、真の教育改良は、法華経の肝心を、その根底としなければならないと、述べている。すでに牧口にとって教育の改造と、人間生命の変革を説き明かした仏法の実践は、不可分のものとなっていた。

会員の数は、約70人で、そのほとんどが牧口の教育理論と仏法実践に共鳴する若い教育者たちだった。会員のほかに、元外交官の秋月左都夫《あきづきさつお》、貴族院議員の古島一雄《こじまかずお》、日本大学教授の田辺寿利《たなべすけとし》や柳田國男、前田多門など

11人が、顧問として名を連ねていて、創価教育学と牧口の進める教育改造に対する理解者の広がりをうかがわせる。

活発な教授法の研究

結果的に『創価教育学体系』は、総論の部分である4巻までしか出版されなかったが、本来は全12巻におよぶ構想のものだった。

5巻以降は、各教科の具体的な教授法にあてられる予定だった。だが、牧口は、5巻以降の出版を中断する。書物のみでは、教育界に波動を広げることはできないと考えたからだ。それより、現場で新しい教育法を実験し、その効果を実証していくことで、創価教育への関心を喚起《かんき》しようとした。それには、その活動を担う教育者の糾合と育成を進めようとした。

1936（昭和11）年4月には、創価教育学会の目的の項に「創価教育学体系を中心に教育学の研究をなし、国家百年の大計たる教育の徹底的革新を遂行し、且又《かつまた》それが根底たる宗教革命の断行をなすを以て本会の目的となす」と、宗教革命を明確に掲げている。

この年、牧口は、創価教育の実験証明委員制度をつくる。各教科に一人の教師を委員として選び、牧口の指導のもとで教科の効果的な教授法の研究を進めさせた。時習学館を会場に活発な議論をし、その成果を、それぞれの委員が勤める小学校で実際に試していった。

創価教育学会の創立7周年となる1937(昭和12)年は、会としての新たな出発となった。

1月27日、東京・品川区内の玄海で懇親会を開いた。この時、創価教育学会の会員名簿が整備され、およそ100が名を連ねた。

地方への広がり

牧口をはじめ会員たちは、積極的に教育関係者たちと会い、思想や教育問題について対話を重ね、教育改造に向けて創価教育や会の目的などの理解を求めていった。そのなかには、教育学の研究者ばかりではなく、政治家、文部省の官僚、さらには哲学者の三木清《みききよし》や谷川徹三《たにかわてつぞう》などもいた。

一方、地方にも運動を広げ、牧口自身、率先して全国をまわっている。1936（昭和11）年1月には茨城県に行き、2月には長野県を訪れている。諏訪《すわ》、伊那《いな》、松本、長野、上田の各地を1週間の行程でまわった。1938（昭和13）年6月には、北海道に渡り、戸田と合流し、札幌、帯広、釧路、根室、網走、室蘭と、じつに精力的に講演会を実施した。夏には鹿児島に行き、各地で座談会を開いた。

すでに60代後半に達していたにもかかわらず、牧口はときに青年教師たちと、明け方まで議論を重ねるのだった。

「教育は知識の伝授が目的ではなく
自分の力で智識する方法を会得させること
知識の宝庫を開く鍵を与えることだ」

六八歳～七〇歳

一九三九（昭和一四）年～一九四一（昭和一六）年

日中戦争がつづくなか、日本は、国家主義の坂道を全力で駆《か》け下りていく。
１９４０（昭和15）年４月に宗教団体法が公布され、
10月には大政翼賛会が発足した。
戦争遂行の名目のなかで宗教、思想、
政治すべてが国家主義に封じ込められた。
そうしたなか、牧口は、創価教育学会を、社会変革を目指す
宗教革命の運動体としてつくり変えていく。

宗教革命

創価教育学会会長に就任

創価教育学会は、宗教革命を根底とした生活革新運動へと活動の主軸を移していった。

対話による地道な運動のなかで、すでに教育者ばかりではなく、家庭婦人や一般の職業の人たちも会員に多くなっていた。牧口自身、法華経はすべての生活法の革新の鍵で、教育法の改革もその一部である、との思いを強くしていった。

1938（昭和13）年12月、牧口は知人に宛てた手紙の中で、教育改革の法則を実証するには「宗教革命によって心の根本から立直さねばならぬ」と、つづっている。

翌1939（昭和14）年12月23日に東京・麻布《あざぶ》の菊水で行われた総会に

は、教育者はもとより、教育者ではない会員も多く集った。

この会を事実上の第1回の総会とし、翌年10月、軍人会館（現・九段会館）で第2回総会を開き、ここでは会の新しい綱領、規約などが検討された。

会の目的として「教育改造」の文字が消え、牧口会長、戸田理事長のもと法華経を基盤に「教育・宗教・生活法の革新を計り」「国家及び国民の幸福を進めるを目的」とし広く仏法流布を推進することが確認された。

神田・錦町《にしきちょう》の戸田が経営する日本商手の2階に本部がおかれ、教育研究部、教育者倶楽部《くらぶ》、折伏《しゃくぶく》指導部、婦人部、青年部など、新しい組織体制が生まれた。

座談会の推進

牧口は、仏法流布を進めるうえで、体験を語り合う座談会と、個人指導を重視した。

毎週、火曜日は時習学館で、金曜日は目白の自宅で、個人指導にあたった。そのほかの日は、各地の座談会に先頭を切って参加していった。

多い月には2日に1回の座談会が組まれ、その合間をぬって、教育者倶楽部の会合や教育研究部で創価教育の講義をし、地方にも率先して折伏に行くという、まさにフル回転の日々を送った。

どの座談会にも、牧口はいつもだれよりも早く会場にきていた。そして、一人でも出席者がくると、すぐに対話をはじめた。その人の生活の悩みを聞き、信仰上の質問に耳を傾け、やさしく仏法の説明をした。そのうち、人が次第に増え、自然な形で座談会は進んでいくのだった。

ときにメモ用紙に図や字を書き、ときには当意即妙《とういそくみょう》なたとえやシャレをはさみ、かんでふくめるようにわかりやすく仏法を説明するのがつねだった。

夏場でも、きちんと袴《はかま》をつけ、襟元《えりもと》を崩すことのない牧口の姿は、そこに座っているだけで会場の雰囲気を清冽《せいれつ》なものにした。

小さな会場で大声で話をする人がいると、牧口は「それは反価値だ。小さな声でも十分、聞こえる。同じ声をだすにも、大勢の前で話すときの声の大きさ、少人数のときの声の大きさがある。それをわきまえるのが価値的生活というものだ」と、言ったりした。

牧口は、自分の価値論を仏法の導入として、それこそ価値的につかっていた。

価値論と大善生活

価値論は、牧口の教育思想の根幹をなすものだった。

教育の目的は、人生の目的と同じでなければならないとして、その目的に「幸福」をおいた牧口にとって、価値論はそのまま生活革新の根幹にするのになんら矛盾《むじゅん》はなかった。

牧口の価値論の特長は、価値を実生活の次元で体系化したことだ。

牧口は、最高の価値を創造して生きることが人生の幸福であると考え、人間が創造できるものとして「価値」を位置づけた。その観点から、カントの「真・善・美」の価値論の「真」は認識の対象にすぎないとしりぞけ、かわりに「利」の価値を重視し「美・利・善」の価値論を主張する。

さらに、人間の生活や生命にとって役立つものを「正価値」とし、マイナスの作用をするものを「反価値」と考えた。「美・利・善」に対する「醜・害・悪」である。

このとき同じものでも、その本人との関係によって「正価値」と「反価値」が逆転することもある。卑近《ひきん》な例でいえば、バナナをもらったときに、それが好きな人には「正価値」だが、きらいな人には「反価値」にすぎない。牧口は、こうした逆転現象は、「善」の価値においても起こると考えていた。

牧口の善の定義は「公益」だった。公益に反する行為は「悪」となる。「善《よ》いことをするのと、悪いことをしないのは、同じか違うか?」

牧口は、よく座談会などで、こう問いかけた。そして、悪いことをしないのは、その本人にとって善の行為だが、社会全体から見れば悪を助長させることにつながり、善の行為にはならないと説いた。

牧口は、善に大・中・小の三つがあり、小善（利己的善）、中善（偽善的善）を去り、大善の生活をすることを力説した。
その大善生活とは、牧口にとって、日蓮仏法を根幹に限りない生命力をわが内から引き出し、個人の幸福と社会の繁栄を共に実現する生き方だった。

牧口は、いつも会員たちをやさしく見守っていた。
遠くまで折伏に行く会員がいると、帰りを何時間でも待った。
お腹を空かしている人には自分の弁当をわけたりもした。
だが仏法に反したり、ズルさをみせたりしたときは
烈火のごとく叱った。そんな牧口を、だれもが慈父のごとく慕った。

七〇歳〜七二歳

一九四一(昭和一六)年〜一九四三(昭和一八)年

1941(昭和16)年3月、「治安維持法」が改正され、
軍部政府は戦争遂行のために、思想・宗教の統制強化をはかろうとした。
戦争政策に従わない宗教団体・結社への圧迫が強まった。
対米英戦争の開戦を迎えると、天皇制国家主義のもと
国民を統一するために、皇大神宮《こうたいじんぐう》の大麻《たいま》(神札)を祀《まつ》ることが
強制されるようになる。
牧口は、人間精神の自由を封じる国策に、
生命をかけて対決する。

国家諫暁

信者と行者

1941（昭和16）年7月、創価教育学会の機関紙として『価値創造』が創刊された。

牧口は、『価値創造』に精力的に論文を書き、会員の指導にあたった。いままでに増して、座談会や地方折伏に情熱をそそぐようになった。座談会では、御書《ごしょ》を引いて話をすることが多くなった。

牧口は、厳格に日蓮仏法の教えに基づき、会員に皇大神宮の大麻（神札）を焼却させ、神社への参拝も禁じた。

牧口にとって、宗教は、実生活のうえにどれだけの価値をもたらすか、ひいては国家社会の将来にどのような結果をもたらすかが、正邪の判断の唯一の基準だった。会員たちの実生活のうえに現れる体験や変化は、そのまま牧口の日蓮仏法への強い確信になっていた。

1942（昭和17）年2月からは、座談会の名称を「大善生活法実証座談会」と変えた。牧口は、会員たちに、なおさらに菩薩行《ぼさつぎょう》に徹する「大善生活」を強調した。そのころ、創価教育学会の支部は、東京に16、地方に12を数え、会員は4000人にまでなっていた。牧口は、戦争遂行のため、軍部政府が国民の思想的統一の柱とした国家神道と天皇の神格化を、真っ向から否定した。そうした動きのなかで、その年の5月、『価値創造』は廃刊を命じられた。創価教育学会の活動を、当局は危険視しだしたのだ。

1942（昭和17）年11月の第5回総会で、牧口は、「信者と行者と区別しなければならない」という講演をした。自分のためだけに信仰しているならば、魔は起こらない。それは小善生活の「信者」である。しかし、人のため、法のため、菩薩の行動にでれば、必ず三障四魔が競い起こる。

起こるがゆえに、法華経の「行者」といわれるのだ——。

牧口は、このとき、自らの実践で仏法の正義を証明する姿勢のない宗門の大半の僧侶《そうりょ》に苦言を呈した。宗門の当局への対応に憤《いきどお》りを感じていたのだ。

国家諫暁の獅子吼《ししく》

軍部政府は、思想・宗教統一政策の一貫として各宗派の統合を打ち出していた。その権力に迎合し日蓮宗各派の合同を画策《かくさく》した僧が、日蓮正宗のなかにいた。

彼は神本仏迹論《しんぽんぶっしゃくろん》という邪義《じゃぎ》を立て、国家権力をかさに宗門に身延派《みのぶは》との合同を迫った。

1941（昭和16）年3月10日、本山で僧俗護法会議が開かれ、牧口は戸田とともに出席した。

その席上、牧口は、合同を迫る宗内の一派に対し、軍部政府の宗教政策にひざを屈することなく、日蓮大聖人の仏法の正法正義をつらぬくように主張した。

他門との合同は回避されたが、自己保身の宗門は、翌年には、檀信徒《だんしんと》に宮城遥拝《きゅうじょうようはい》とともに伊勢神宮の遥拝を通告するまでになった。宗門は、大聖人の正法正義を曲げて、戦争協力に傾斜《けいしゃ》していたのだ。

1943(昭和18)年6月27日、宗門は、牧口、戸田を本山に呼び、創価教育学会に対して神札を受けるよう勧告した。牧口は、

「神札は絶対に受けません」

と、その勧告を拒否した。

そして翌28日、再び本山におもむき、当時の日恭法主《にっきょうほっす》に、

「いまこそ国家諌暁《こっかかんぎょう》の秋《とき》である!」

と、直言する。だが、それは容れられなかった。

国家諫暁とは、宗教を誤れば、国家を滅ぼすという日蓮の教えを、為政者に直諫することである。

戸田君がいれば大丈夫だ

以前から、牧口が出席している座談会には特高警察が立ち会うことがあった。1941（昭和16）年ごろからは話が神札や国家体制のことなどに及ぶと、「弁士！　中止、中止！」と、直接、さえぎるようになった。

牧口はそのたびに話をそらし、また神札のことに話を戻した。すると、再び「中止！」の声がする。官憲により、何度中断されようとも、牧口は、国家崇拝《すうはい》、国家神道崇拝の非を訴えることをやめなかった。

牧口は、自分の神札排斥《はいせき》の言動が不敬罪などに問われ、それが不当逮捕につながる危険性があることを予想していた。そうなれば、法廷で自分の考えを主張しようと、国家諫暁の姿勢をつらぬく決意を固めていた。

そんな覚悟を表すかのように、牧口は、1943（昭和18）年春ごろから、本部の2階で学生たちに対して『立正安国論』の講義をはじめている。すでに2度、警視庁に呼ばれていた。5月には、中野署に、1週間留置され、神札や神社への礼拝などの問題について取り調べを受けた。このときは、知人の当局へのはたらきかけで釈放されている。そのころから、牧口は、逮捕を現実の問題として受け止めはじめていた。

ある日、家族に、

「これから先のことだけど、僕にもしものことがあって、死んだときには、一切、戸田君がしてくれる。お焼香をするのは戸田君がいちばん先だ。お前たちは、いちばん最後だよ」

と、話したという。

牧口には、自分に何があっても、戸田がいれば大丈夫だという思いがあった。

下田での逮捕

宗門に諫言《かんげん》した直後の7月4日、特高警察の厳しい監視下にもかかわらず、牧口は伊豆《いず》におもむき、蓮台寺《れんだいじ》の旅館の一室で座談会を開いていた。その1週間前には、学会の幹部数人が、淀橋《よどばし》署に検挙されていた。自分の身にも司直の手が伸びていることを感じながらの折伏行だった。

翌5日は、下田《しもだ》で座談会を行い、夜、須崎《すざき》の知人宅に折伏に向かった。同家で1泊し、翌6日、朝食が終わったころ、刑事二人が、牧口に面会を求めにやってきた。

そして、そのまま下田署に連行されたのだ。牧口常三郎、72歳。逮捕の容疑は、治安維持法違反、および不敬罪だった。

牧口は、下田署まで一緒に連行された会員が解放されるとき、「戸田君によろしく……」という一言を残した。

だが、その戸田も、同じ日、目黒《めぐろ》の自宅で逮捕されていた。その後、当局の弾圧を恐れた宗門は、牧口、戸田をはじめ学会幹部を登山禁止処分にしたのだった。

「一宗が滅びることではない。
一国が滅びることをなげくのである。
いまこそ国家諫暁の秋《とき》ではないか。
なにを恐れているのか」

七二歳〜七三歳

一九四三（昭和一八）年〜一九四四（昭和一九）年

伊豆下田の知人宅から牧口は、特高の刑事とともに、
下田署までの約５キロの道のりを毅然《きぜん》とした姿で歩いた。
牧口は、下田署で一晩留置され、翌７日、東京の警視庁に向かった。
牧口の逮捕を知った長年の友人・柳田國男は、書き記している。
「若い者を用《つか》って熱心に戦争反対論や平和論を唱えるものだから、
陸軍に睨《にら》まれて意味なしに牢屋《ろうや》にいれられた……」
獄中での５００日に及ぶ牧口の闘いは、
民衆の幸福平和のための一歩も退かぬ信念の行動だった。

獄中の闘い

Tsunesaburo Makiguchi
Story

特高刑事の尋問

牧口は、警視庁の取調室で、約1か月半にわたり連日の厳しい取り調べを受けた。

取調室は、1坪（3・3平方メートル）ほどの広さで、真ん中に机が二つ置いてあるだけの部屋だった。窓にはめてある太い鉄の柵《さく》が、部屋の雰囲気を威圧的にしていた。

牧口の取り調べには特高二課の課長が自らあたった。牧口は、どんな質問にも、日ごろからの態度のままに悠然《ゆうぜん》と自分の信条をあまさず述べた。

牧口は、「創価教育学会の信仰理念の依拠《えきょ》するところは、日蓮正宗に相違なきや」という質問に、「創価教育学会は日蓮正宗の信仰に、私の独自の価値創造論を採《と》り入れたところの立派な一個の在家的信仰団体であります」と答えている。

牧口は、創価教育学会と宗門とは、別のものであると明確に区別していたのだ。そこには日蓮仏法に脈打つ〝立正安国〟の絶対平和の精神は、すでに学会にしか流れていないという血を吐くような思いがあった。

神格化され、批判は絶対に許されなかった天皇についての質問にも、「天皇陛下も凡夫《ぼんぷ》であって、皇太子殿下のころには学習院に通われ、天皇学を修められているのである。天皇陛下も間違いが無いではない……」と語っている。また、教育勅語《きょういくちょくご》についても、最低限の道徳を説いたものにすぎないという持論《じろん》を述べるのだった。

さらに、神札への信仰は、日蓮仏法に背《そむ》く謗法《ほうぼう》の行為であるとも語り、会員に対して謗法を避けるために神札を焼却することを指導してきたと答えている。

牧口は、聞き取りをもとに特高二課で作成した尋問《じんもん》調書に、法華経や日蓮仏法の教義など難解な部分は自ら筆を執り加筆、訂正までした。牧口は、この尋問調書によって、治安維持法違反と不敬罪で起訴されたのだった。

警視庁から東京拘置所へ

牧口が警視庁から、東京拘置所へ移されたのは、1943（昭和18）年9月25日のことだった。

その日、同じく警視庁に抑留《よくりゅう》され、取り調べを受けていた戸田と、ほんの短時間、言葉を交わす機会が与えられた。戸田は、

「先生……お体を大切に……」

と、いうのが精いっぱいだった。やがて戸田も、東京拘置所に移されるのだが、これが、牧口との永遠の別れになった。のちに牧口の獄死を知ら

されたときの悔しさを、戸田は、牧口の七回忌の席で、こう話している。

「わたくしは若い、先生はご老体である。……先生が一日も早く（牢獄から）出られますように、と唱えた題目も、わたくしの力のたりなさか、翌1944（昭和19）年、先生は獄死されました。『牧口は死んだよ』と知らされたときの、わたくしの無念さ。一晩中、わたくしは獄舎に泣きあかしました」

その悔しさ、無念さを胸に秘め、戦後、戸田は「妙法の巌窟王《がんくつおう》」として、権力に殺された師・牧口の正義を証明するために、一人立ち上がるのである。

獄中生活

牧口が拘置されたのは、東京拘置所の第四舎と呼ばれる建物の2階の独房だった。

3畳の板の間に2畳分の薄い畳が1枚しいてあるだけの、薄暗い部屋である。冬などは底冷えがし、持病のひざが痛み、しばしば指も凍傷《とうしょう》にかかるほどだった。

しかし、牧口は、10日に1通だけ出すことができる家族にあてた書簡で、「三畳間、独り住まいのアパートです」と書き、「独房で思索ができて、かえって良かった」と自分の境遇を愉《たの》しむふうに笑い飛ばし、家族が心配しないように気を配っている。

牧口の獄中書簡は、どれも自分の留守を守る家族への具体的な配慮や励ましに満ちていた。そうした書簡も、ところどころ検閲《けんえつ》で削除《さくじょ》されているのだ。

拘置所の食事は、最初のころはタクアン、味噌汁、ご飯、それも少量にすぎなかったのだが、やがて戦局が悪くなるにつれ、ご飯には大豆やアワ、トウモロコシなどが多くなり、味噌汁は塩水となり、タクアンのおかずも茶ガラになった。

お金を出せば、差し入れの弁当をとることもできたのだが、牧口は「老人の腹にはちょうどいい」と最後まで拘置所の食事で過ごした。

そうしたなかで、牧口は、かぜを引かないように、また腹をこわさないように工夫をこらし、体力をたくわえ、思索に励んだ。

予審判事による取り調べや、裁判での陳述《ちんじゅつ》が、身をもってできる国家諫暁だと思い定めていたからだ。

自ら書いた取調調書

予審判事による牧口の取り調べがはじまったのは、起訴から5か月後の

1944（昭和19）年の4月に入ってからのことだ。

予審判事の取り調べは、東京刑事裁判所で行われた。東京拘置所からは、バスで移動する。いつも15人ほどの収容者が、手錠《てじょう》をかけられたまま、編笠《あみがさ》をかぶせられ、数珠《じゅず》つなぎで護送された。

裁判所では、まず鉄格子のある地下の部屋に入れられ、そこから取調室に呼ばれて、一対一の取り調べを受けた。

牧口は、ここでも予審判事に仏法の正義を説いた。

そして、言いたりないことを付け加える形で、文書による陳述を書くことを許された。牧口は、自ら取調調書を書いたのだ。

拘置所の独房で、毎日、筆を執って約1か月かけて書きあげた。牧口の手になるこの調書は、一冊の本になるくらいの厚さになった。7月4日付けの書簡には、それを予審判事に提出したことが記されている。

この自筆の調書は、日蓮の『立正安国論』の精神に立つ、牧口の獄中における烈々たる執念の「諫暁」の書だったといえる。

しかし、いまはその内容を知ることはできない。敗戦により、なんらかの事情で消失してしまったからだ。

尊厳なる獄中の死

牧口が、自ら病監へ移ることを希望したのは、1944（昭和19）年11月17日のことだった。すでに、死を予想していたのか、足袋《たび》から下着、襦袢《じゅばん》にいたるまで洗濯したものを身につけた。

「おぶってさしあげましょうか」

看守が、牧口の体の衰弱を見て声をかけた。牧口は、静かに断わった。

「せめて手でも引いてあげましょうか」

「ひとりで歩けますから、ありがとう……」

2、3度よろけはしたが、ひとりで病監に歩いてゆき、ベッドに横たわると、ゆっくり目を閉じた。老衰と極度の栄養失調だった。

翌18日午前6時過ぎ、牧口は、眠るようにして73歳の生涯を終えた。その顔には、やるべきことをやり終えたという、穏やかな安堵《あんど》の表情がただよっていた。

「……カントの哲学を精読《せいどく》している。百年前、及びその後の学者共が、望んで、手を着けない『価値論』を私が著《あら》わし、しかも、上は法華経の信仰に結びつけ、下、数千人に実証したのを見て、自分ながら驚いている。これ故、三障四魔が紛起《ふんき》するのは当然で、経文通りです」

10月13日に家族に送ったこの書簡《しょかん》が、彼の絶筆となった。

「大聖人様の
佐渡の御苦しみを思うと
何でもありません。
過去の業《ごう》が出てきたのか
経文や御書のとおりです」

すべての子どもに教育の機会を

女子教育の実践者として

どの子にも、いちばん幸せな人生を歩ませたい――。牧口は、そう願って、祈るような気持ちで教壇に立った。

牧口にとって、教育とは、すべての民衆が幸福の扉を自分の力で開くことができるように、その力を開発させるためのものとしてあった。だからこそ、より多くの子どもたちに教育の機会を与えることが大切だと考えていた。

しかし、現実は厳しく、貧困や制度の不備などにより教育を受ける機会をはばまれている子どもたちは多かった。なかでも、少女たちは小学校以上の教育を受ける機会に恵まれなかった。

教職を退き、上京して2年半、1903（明治36）年10月15日、牧口は、念願の著書『人生地理学』を出版した。

翌月、牧口は、東京高等師範学校の同窓会である「茗渓会」の書記となり、同会の機関誌『教育』の編集にたずさわることになった。

ようやく東京での生活が安定しはじめた。だが、牧口は教育の現場から離れた茗渓会の仕事に物たりなさを感じていたのかもしれない。

日露戦争さなかの１９０４（明治37）年８月、牧口は東亜女学校の講師の職を得、その前の５月には大日本高等女学会という教育団体の創立に参加した。しかも、４か月後には、その仕事に専念するために、安定した職場だった茗渓会を退職する。

大日本高等女学会は、会員に、講義録『高等女学講義』（月２回）と、副読本『大家庭』（月１回）を送り、２年間の通信教育を行うものだった。牧口は、主幹として、編集も担っていた。

講座のカリキュラムも、家事、裁縫《さいほう》、家庭割烹《かっぽう》などの実用的なもののほかに、地理や歴史、英語などが組まれ、牧口自身、世界地理の講義を担当していた。こうしたカリキュラムからも、女性の自立のためには、いわゆる良妻賢母をめざした教育ではなく、正しい知識と教養を身につけることこそ必要だとする牧口の考えが読みとれる。

牧口は、燃えるような向上心があるにもかかわらず適切な修学手段がなく、学ぶ機会を逸《いっ》してしまう少女があまりに多いことは、女性の将来のためにも、また社会の未来のためにも、けっして傍観《ぼうかん》できることではないと、『大家庭』（第3巻第1号）に書いている。

それが女子教育にかける思いだった。この時期、牧口は、水をえた魚のように、この仕事に情熱を燃やした。

1907（明治40）年の2月ごろから、牧口は、少女雑誌『日本の少女』の編集にも深くかかわるようになる。

和歌や俳句、図画などの投稿欄や読者同士の交流欄を充実させ、各地で行われていた読者との懇話会にも毎週のように出席した。

その一方で、牧口は、大日本高等女学会附属の女芸教習所を設立したいというプランを温め、その設立に邁進《まいしん》する。そして、その年の12月、設立にこぎつけるのだった。

女芸教習所は、貧困で学校に行けない少女たちに何らかの技能を身につけさせ、経済的な自立を可能にさせていくことを目的にしていた。

牧口は、本当の自立とは、お金を与えたり、職業を斡旋《あっせん》したりすることではなく、自立にたる能力を身につけさせることからはじまると考えていた。

そのため、少女たちを無料で寄宿、あるいは通学させ、その能力をつけさせようとした。

開講学科は、家事科、裁縫科、手芸科、簿記科、産婆科などだった。

だが、この事業はほどなく挫折《ざせつ》する。日露戦争後の経済不況のなかで、大日本高等女学会自体の資金ぐりも苦しくなってきていたのだ。

そのころが、牧口が家庭においても経済的に一番困窮《こんきゅう》した時代だった。しかし、牧口のなかでは、すべての子どもに教育の機会を与えたいという、たぎるような思いが勝っていたのだった。

かぎりない温かさとやさしさ

子どもたちへのまなざし

子どもたちと接するときの牧口は、いつもニコニコとやさしいまなざしをたたえていた。

教師は子どもたちの庇《ひさし》でなければならない。それが、牧口の信念だった。あふれるような愛情で、どの子もひとしくかわいがっていた。

冬の北海道では、大人の背たけを越える雪が積もる地域もある。牧口は、子どもが登校してくるときには学校の近くまで迎えにいき、下校のときも送っていった。小さい子どもは背負い、大きな子どもは手を引いて、すべらないように、転ばないようにと声をかけながら歩いた。

みんな、アカギレで手を真っ赤にしていた。牧口は、お湯をいっぱいわかして、一人ひとり、真っ赤な手を洗ってあげた。

子どもたちは、青年教師である牧口を、慕い、心から信頼した。それは、東京での校長時代も、まったく変わらなかった。

本を入れた風呂敷包みを抱え、少し前かがみに歩く牧口は、つねに何かを思索しているようだった。だが、登校する子どもに会うと、途端に相好をくずし、気さくに声をかけた。

体が弱く欠席の多い子どもの姿を見かけると、「よかったですね。今日はこられたのですね」と、心から喜んだ。その子が大きな荷物をもっていたりすると、「何かもってあげましょう」と荷物に手をのばした。

病弱だった少女には、こんな思い出がある。

ある寒い冬の日、「校長先生が呼んでますよ」と用務員のおじさんに言われた。

校長室に行くと、牧口が、大きな火鉢《ひばち》に赤々と炭を燃やして待っていた。

「こっちにいらっしゃい」

牧口は、火鉢のそばに呼ぶと、その子の冷えきった手を自分の手で包んで温めた。

そうしながら、体のことや、家のことなどをいろいろ聞いてくれた。そして、

「元気なよい子になるのですよ」

と、心から励ましてくれたという。

悪いことをした子どもがいても、けっして言葉を荒げて叱ることはなかった。じゅんじゅんとかんでふくめるように諭《さと》すのがつねだった。

校庭で石投げをしていて、あやまって教室の窓ガラスを割った子どもがいた。当時、ガラスはとても貴重だった。真っ青になって、母親といっしょに校長室に謝りにいくと、牧口は静かに、こんな話をした。

「石を投げて遊んでいるときは、まさか窓ガラスを割るとは

思わなかったのでしょう。石は思いがけず遠くに飛ぶことがあるんです。それがよくわかったでしょう。これから気をつけるんですよ」

牧口は、どの子に対しても、いつもていねいな言葉づかいをした。「〇〇さん」と、かならず「さん」づけで呼んだ。子どもを一人の人格として認めていたのだ。

牧口にとっては子どもこそが中心だった。授業についても、どうすれば子どもたちが楽しみながら、しかも能率的に学べるのかを真剣に悩んだ。

牧口は、教科書にドンドン線を引かせ、読めない漢字にはふりがなをふることもすすめた。

教科書を汚すなんてもってのほかという時代のなかで、そのこと一つとっても、牧口の発想が「子どものために」という不動の軸につらぬかれていたことがわかる。

やがて、そうした思索の積み重ねが『創価教育学体系』として結実する。教育の目的を子どもの幸福におき、子どもたち一人ひとりの能力を開花させるために、子ども自身の知恵の扉を開くことをめざした牧口の新たな人間教育の視点は、時代を経るにしたがって評価されてきた。

たとえば、いまブラジルで進む「牧口プロジェクト」。100校を超える実践校で学ぶ子どもたちの瞳の輝きが、牧口の視点の確かさを証明する。

ひとりの人のために

地方折伏のひたむきな実践

牧口は、つねに自らが率先して動き、会員たちに範を示していた。創価教育学会のめざすものは、その理想と目的を共にする同志の存在によってこそ、実験証明される。その同志の輪を広げるのは対話しかないというのが、牧口の信念であった。

座談会場にもだれよりも早く行き、みんながくるのを待った。地方にも、積極的に折伏にでかけた。

本格的な地方折伏の幕開けになったのは、1936（昭和11）年2月に1週間の日程でおもむいた長野だった。下諏訪、上諏訪、伊那、松本、長野、上田などで座談会を開き、17人の入会者をみた。だが、それ以前にも、牧口は、教育講演で呼ばれた北海道で、戸田と訪ねた故郷の荒浜で、また茨城県筑波山でと、仏法の話を重ねてきた。

牧口は、たとえ遠方であっても、そこに悩める友がいれば駆けつけた。

戦後の創価学会再建の九州の拠点となった福岡県八女《やめ》への第一歩も、兄一家の入会を願う一人の青年の真心にこたえようとした行動から生まれた。

1939（昭和14）年春のことだった。

故郷の兄は妻の反対にあっていた。彼は、「妻が、どうしても入信はしないというのです」と、半ばあきらめて、牧口に話した。

「そんなに難しい人なら、私が行ってあげよう」。牧口は、まるで近所に折伏に行くような気軽さで答えた。そして、汽車の切符をとり、もう数日後には、単身、九州に旅立つのだ。

青年は、八女の実家までの地図を書き、最寄りの羽犬塚《はいぬづか》駅（鹿児島本線）からは路面電車に乗るように伝えた。出発の日、東京駅には、その青年をはじめ数人の会員が見送りにきた。

牧口は、あたり前のように三等車両に乗り込もうとする。68歳の高齢である。当時、八女までは丸一日がかりの長旅だった。せめて二等車で……というと、「いや、三等車でいいよ。

着く時間は同じだから」

と、牧口は、硬い三等車の座席に腰をおろした。

悩める人が一人でもいれば、そこに行こう。牧口を突き動かしていたのは、このあふれんばかりの思いだった。

羽犬塚駅に着くと、長旅の疲れもみせず、青年の実家までの約1里半（6キロ）の道のりを路面電車を使わずに歩いたのだという。

青年の兄夫妻は、牧口の誠実さにふれ、心からの感動をもって入会した。

その前年、1938（昭和13）年7月にも、牧口は10日ほどの日程で鹿児島を訪れている。このときも、一人の青年の実家への折伏行だった。また、1940（昭和15）

年11月にも、2週間の九州指導を行っている。

九州は、牧口にとって縁の深い土地となった。全国で初めての、そして唯一の地方総会が開かれたのも九州だった。

牧口はできるかぎり折伏の場に会員たちを伴った。会員たちが折伏に行くといえば同行し、また座談会に友人がきていれば、その人に焦点をあててわかりやすく仏法の話をした。自分が折伏について行けないときは、帰ってきた会員から状況を聞き、いろいろアドバイスをした。

相手の悩みを自らの悩みとして受け止める真剣勝負の折伏こそが、仏法の理解を深化させていける最高の場と考えていたのだった。

牧口は、つねに一人の友との対話を通し、それを積み重ねていくことで、仏法の正しさを納得させていこうとした。あるとき、一人の青年が、「もっと大規模な講演形式にしたほうがいいのではないでしょうか……」

と、意見を述べた。即座に牧口は、

「いや、それは違う。人生に関する問題は対話でなくては相手に通じない。……日蓮大聖人の『立正安国論』も問答形式ではないか」

と、答えた。牧口の「一人の人のために」という精神は、いまも変わらず創価学会のなかに脈々と生きつづけている。

すべての民衆の幸せを願った 牧口常三郎の思想と行動

牧口常三郎は、その生涯をとおして、どうすれば民衆の幸福が築かれるのかを追い求めてきた思想家でした。やがて、その答えを仏法に求めたのは、必然的な帰結だったといえます。殉教《じゅんきょう》の道を歩んだ牧口の思想と行動とは……。

人生地理学

世界市民の自覚をうながし
その視点から、自然や社会を見つめ人類の進むべき道を描きだす

地理学の研究に没頭する牧口を支えていたのは、風土、地形、気象、その土地の産業などの地理的現象が人間の生活にどんな影響を与えているのか、それを解明したいという情熱でした。そうすることによって、人間の生活をさらに向上させていく道すじが見つけられるにちがいないという確信があったのです。そのため、牧口は、自らの地理学研究の集大成を『人生地理学』と名づけました。「人生」という言葉は、人間の生活、あるいは人類の生活現象という意味です。『人生地理学』は、あくまでも〝人間〟に軸足をおいた地理学の体系だったのです。

牧口の思索の独創性の一つは、まさにこの「人間にとって」という視点を徹してつらぬいているところにあるといえます。『人生地理学』では、たとえば自然現象と人間の関係も、一方通行のものではなく、相互に作用しあうものとしてとらえているのです。

さらに、もう一つの独創的な点は、牧口が身近な自分の生活から離れず、そこから考察の糸口を広げていることです。牧口は、自分の身のまわりを観察して、世界とのつながりを実感していました。羊毛の洋服からは南アメリカ産かオーストラリア産の羊毛をイギリス人が仕立てあげているところを、メガネからはドイツ人の精巧さと熟練を想起すると書いています。自分が世界のなかの一員であることを強く自覚することこそが「世界市民」への第一歩となると語っているのです。

世界と自分の関係をこのようにとらえていた牧口が、世界の平和を強く望んでいたのは当然でした。『人生地理学』が発刊された1903年は日露戦争開戦の前の年です。新聞などでもさかんに交戦論が唱えられ、戦争を賛美するような発言がくり返されていました。そのなかで牧口は、平和があってこそ自由な貿易が成り立ち、世界は繁栄していくのだから、戦争などすべきではないと訴えたのです。

人類が進むべきは「人道的競争」の時代

牧口は「地球」「人類」という視点から自然環境や社会環境を見つめ、やがてくる新時代に向けてのビジョンを『人生地理学』で描きだしたのです。

そして、その視点から見ると、国家のはたすべき根幹の役割は三つしかないと強調しています。それは、「国民個人の自由を確保すること」「個人の権利を保護すること」「国民の生活に対して、その幸福の増進を図ること」です。そのうえで、人類は、もはや「軍事的競争」でも「政治的競争」でも「経済的競争」でもなく、「人道的競争」の時代を志向すべきだと提唱したのです。

創価教育学

一人の子どもを信じぬき学ぶことの楽しさと新たな価値創造の知恵を開く

しかし、牧口が生きた時代は、日本が帝国主義的列強の仲間入りをすることに血眼になっていた時代でした。教育に求められていたものも、国家のための人材をつくることでした。

一人の子どもを大切にする教育を実現するにはどうすればいいのか。その祈りにもにた叫びのなかで、牧口は人間の実生活に根ざした教育改革の必要性をますます強く感じるようになりました。そうして、教育現場での自分の経験を基礎に、当時、日本で読むことのできた世界中の教育学説を研究し、哲学から社会学にいたる先賢たちの思想を学び、教育改革への自らの思索を練りあげていきました。その輝くような結晶が、創価教育学です。

それは、日本ではじめて教育学を経験科学として体系づけた作業でもあったのです。

自分の力で幸福の道を開ける子どもに

牧口は「教育の目的は、人生の目的と同じで、人間の幸福こそが教育の目的である」と明快に主張しています。自分自身の力で幸福の道を開いていける人間を育てると同時に、社会全体の幸福のためにつくす人間を育てることが、教育の目的だというのです。そのためには、子どもたちの直観力や感覚を養い、社会意識を培い、価値創造の能力を開発することが大切だと考えていました。

「教育は知識の切り売りや注入ではない。自分の力で学ぶことを会得させること、知識の宝庫を開く鍵を与えることだ」と、牧口は強調しています。

子どもたちの自発的な学習能力を高めていけば、子どもたちはどんな知識も自分で獲得していけます。また、その知識を生活のなかに位置づけていくような指導をすれば、さまざまな知識を生活に役立たせていく知恵を開発していくのです。

そうした教育をするために教師は、つねに教育技術を磨き自己研鑽を積んでいかなければならないと、教師自身がプロとしての自覚と能力をもつことの大切さを説き、実物教育や統合教授など具体的な教授法の確立を訴えています。また、子どもたちが楽しく学べる場として学校を開放し、民主的な学校運営を実現するために、学校の自治権を重視した教育制度の改革案も提案しているのです。

創価教育学は、子どもの成長を信じぬき、一人の子どもをどこまでも大切にするという牧口の人間主義につらぬかれた、子どもの幸福を第一義にする教育の体系だといえます。

獄中闘争

「人権」と「平和」を叫び自らの信念を曲げず生命を賭《と》して国家権力と対峙《たいじ》した

牧口がめざしたのは、国家という枠組みを超えて、仏法が説き明かす人間生命の尊厳という普遍的な価値に目覚めた民衆の連帯だったともいえます。その行為は、戦争遂行のために、ますます国家という枠組みをきつくしようとしていた当時の軍部政府と真っ向からぶつかるものでした。

ある意味で牧口の逮捕は、必然だったといえるでしょう。１９４３（昭和18）年7月6日、牧口は、当局に逮捕されます。容疑は、不敬罪と治安維持法違反でした。警視庁での約２か月にわたる厳しい取り調べにも牧口は、堂々と自己の信念を述べています。

戦争遂行のため、国民すべてを戦時体制下にしばりつける手段として、国家神道を利用することの間違いをただし、天皇も人間であり過《あやま》ちを犯すこともあると指摘し、教育勅語《きょういくちょくご》は最低限の道徳であるとする持論《じろん》を語っています。さらには、仏法の教えは、大日本帝国憲法よりも優先することを明言しているのです。

権力者の生命に巣くう魔性を撃つ国家諫暁の叫び

東京拘置所に移ったあと、牧口は、検事から本格的な取り調べをうけ11月20日に起訴されました。

その後、１９４４（昭和19）年４月になって、東京刑事地方裁判所で予審の取り調べがはじまりました。そこで牧口は、予審判事の許しを得て取調調書を自分で書きはじめるのです。それは、牧口が家族にあてた獄中書簡で「一冊の本」になりますといっているほどの大部のものでした。自らの主張するところを、時の権力に提出することこそが、牧口の獄中の闘いだったのです。

人間の生命の尊厳観とは対局にある、人の生命を道具として戦争を推進しようとする時の権力者への、牧口の国家《こっか》諫暁《かんぎょう》の叫びです。権力者の生命に巣くう魔性の正体をえぐり出し、それを断ち切っていこうとする気迫をこめて、一字一字をつづっていったことでしょう。それを書き終えたとき、民衆救済のため権力と闘い数かずの難にあった宗祖・日蓮にわが身を照らし、「経文通りです」と確信にいたった牧口の晴ればれと澄みわたるような生命のあふれる歓喜は、想像にかたくありません。

エピローグ

牧口は、そのやさしいまなざしの向こうに
世界の民衆が平和で幸福に暮らせる社会を見つめていた。
そのために教育改革を叫び、根底には宗教革命こそが必要であると、
死を賭して人類の将来を憂《うれ》えたのだった。
牧口は、戸田には何でも話ができた。
師の思いを聞きながら、戸田は、牧口の思想は偉大すぎて、
いまの時代には理解されないだろうと思っていた。
それが本当に理解されるのは50年後、100年後のことだと考えていたのだ。
50年たてば、世界の識者たちが牧口の思想の先見性を賞賛するだろう。
それが弟子である戸田の確信だった。
それを証明することが、戸田の使命であり、創価の思想は、
その戸田の不二の弟子であり、創価学会第三代会長となった
池田大作名誉会長の実践によって、いま世界のすべての大陸に広がった。

牧口常三郎略年譜

一八七一▼明治4年旧暦6月6日　柏崎県刈羽郡荒浜村（現・新潟県柏崎市荒浜）に、父・渡辺長松、母・イネの長男として誕生※。名は長七。

一八七四▼明治7年　父・長松、出稼ぎのため北海道に渡る。

一八七六▼明治9年3月28日　母・イネ、柴野杢右衛門《もくえもん》と再婚。

一八七七▼明治10年5月9日　牧口善太夫、トリ※夫妻の養嗣子となる。

一八八四▼明治17年　このころ、北海道に渡る。

一八八九▼明治22年4月20日　北海道尋常師範学校入学。

一八九三▼明治26年1月11日　名を常三郎と改める。

3月31日　北海道尋常師範学校本科卒業。同日同校附属小学校訓導となる。

一八九五▼明治28年　このころ、牧口熊太郎の二女・クマと結婚。

一八九六▼明治29年6月10日　文部省検定試験（地理地誌科）に合格し旧制中等学校（尋常師範学校、尋常中学校、高等女学校）の教員免許状を授与される。地理科では北海道初の合格者。

一八九七▼明治30年11月1日　北海道師範学校※の助教諭（地理科担当）に任命。附属小学校訓導も兼務。

一八九九▼明治32年7月4日　北海道師範学校附属小学校主事事務取扱（校長職）に就任（明治33年1月10日まで）。

◆牧口常三郎の誕生日
旧暦の6月6日のため、現在の新暦では7月23日となる。

◆牧口トリ
父・長松の妹にあたる。

◆北海道師範学校
明治30年10月の師範学校令により北海道尋常師範学校から名称変更。

10月5日　北海道教育会理事兼幹事に就任。
同時に、『北海道教育雑誌』の編集主任に就く。

一九〇〇▼明治33年3月28日　文部省検定試験（教育科）に合格し旧制中等学校（師範学校、中学校、高等女学校）の教員免許状を授与される。

3月31日　北海道師範学校教諭に任命される（舎監と兼任）。

一九〇一▼明治34年5月1日　北海道師範学校を退職。妻子、養母とともに上京。
『人生地理学』の執筆に専念する。

一九〇三▼明治36年10月15日　最初の著作『人生地理学』を文會堂から出版。
36の新聞・雑誌に書評が掲載され、大きな反響を呼んだ。

11月1日　茗渓《めいけい》会（東京高等師範学校同窓会）書記となり、
庶務会計及び雑誌『教育』の編集に従事する。

一九〇四▼明治37年2月10日　弘文学院※の講師となり、中国人留学生に地理を教える。

8月　私立東亜女学校※の講師となり、複数の科目を教える
（明治40年4月まで在職）。

一九〇五▼明治38年5月　女性のための通信教育の団体である大日本高等女学会※
（神田区三崎町三丁目）の創立に参加。主幹として、
『高等女学講義』『家庭楽』『大家庭』の編集発行を行う。

◆弘文学院
明治39年1月、宏文学院と改称される。牧口は、明治40年4月まで在職したと思われる。

◆東亜女学校
田中弘之により明治37年5月東亜精華女学校として神田区に創立。後に、東亜女学校と改称。下谷区北稲荷町に移転。

◆大日本高等女学会
女性の向学意欲に応え、高等女学校程度の教育を月に2回講義録『高等女学講義』と月1回の婦人雑誌発行を中心に2年間（後に1年半）の通信教授で行う団体。

一九〇七▼明治40年2月ごろ　『日本の少女』※を発行する大日本少女会（会長下田歌子）の主幹を兼務する（同年9月ごろまで）。

一九〇八▼明治41年8月　大日本高等女学会の事業を離れる。

一九〇九▼明治42年2月2日　東京市富士見尋常小学校の首席訓導となる。

一九一〇▼明治43年4月23日　東京市富士見尋常小学校を健康上の理由で退職。

8月6日　文部省図書課（明治45年5月以降、図書局に改組）に入り、文部属※として地理教科書の編纂《へんさん》等に従事する。

12月4日に発足した郷土会※に入会する。

一九一二▼大正元年11月23日　『教授の統合中心としての郷土科研究』を以文館より出版。

一九一三▼大正2年4月4日　東京市東盛《とうせい》尋常小学校第三代校長に就任。

併設の下谷《したや》第一夜学校校長も兼任する。

一九一六▼大正5年5月2日　東京市大正尋常小学校初代校長に就任。

東盛尋常小学校校長も兼務。

12月22日　東盛尋常小学校校長の兼務を解かれ、大正尋常小学校校長専任となる。

一九一八▼大正7年3月31日　大正尋常夜学校校長を兼務する。

8月15日　神奈川県津久井郡内郷村（現・相模原市）の農村調査※に参加する（～25日）。このころ、地元の実力者の子弟を特別扱いしなかったことで、

◆『日本の少女』
日本で二番目に早く創刊された少女雑誌。

◆文部属
明治時代の官制。属官一等から四等まであり、各官庁が任命した。

◆郷土会
郷土会は新渡戸稲造、柳田國男、小田内通敏ら郷土研究に関心を寄せる人びとの集いとして発足。月1回主に新渡戸の自宅で開催された。

◆内郷村農村調査
郷土会と白茅会による日本最初の本格的農村調査。

牧口を排斥《はいせき》しようとする動きが、政友会の実力者・高橋義信《たかはしよしのぶ》を中心に生じていた。3日間の同盟休校など留任運動が教職員、父母によってなされたが、転任の辞令が撤回不可能なため留任は実現しなかった。

一九一九▼大正8年12月12日　東京市西町尋常小学校第六代校長に就任。

一九二〇▼大正9年1月　戸田甚一《じんいち》（後の戸田城聖）の訪問を受ける。

その後、戸田を西町尋常小学校の臨時代用教員に採用する。

6月22日　東京市三笠尋常小学校※校長に就任。三笠尋常夜学校校長も兼務。

小学校内の官舎に住む。

一九二二▼大正11年4月15日　東京市白金尋常小学校第九代校長に就任

一九二三▼大正12年5月25日　『教授の統合中心としての郷土科研究』（改訂八版）を二松堂・實學館より出版。

9月16日　関東大震災の被災者援助のため、古着等を集める活動「小善会」を6年生及び卒業生に提案。校区内を教職員と子どもたちが回り、収集整理にあたる（9月19日～10月11日）。

一九二八▼昭和3年　三谷素啓《みたにそけい》※と出会い、日蓮正宗を知る。その後思索と研究を重ねて、日蓮大聖人の仏法に帰依する。後に戸田も牧口の紹介で帰依する。

一九三〇▼昭和5年2月　自らの教育学説について戸田と協議し、その目的が価値創造であることから、「創価教育学」と命名する。

◆三笠尋常小学校
東京市直営の小学校。授業料が免除され、貧しい子どもたちが学ぶ学校。

◆三谷素啓
本名・三谷六郎。明治11年生。新聞記者、社会実業家を経て、昭和3年8月より目白商業学校校長。大正4、5年ごろ、日蓮大聖人の仏法に帰依。著書に『立正安国論精釈』、昭和4年。

11月18日　『創価教育学体系・第一巻』を冨山房から出版。発行所は、創価教育学会となっている。この日をもって、創価教育学会の創立の日とする。

一九三一▼昭和6年2月　教育雑誌『教育女性』※に「創価教育学樹立の必要」を寄稿。

3月5日　『創価教育学体系・第二巻』（第二編　価値論）を出版。

4月10日　東京市麻布新堀尋常小学校校長に就任する。同校夜学校校長も兼務。

一九三二▼昭和7年3月31日　東京市麻布新堀尋常小学校の廃校に伴い、教職から離れる。

7月15日　『創価教育学体系・第三巻』を出版。

一九三四▼昭和9年6月20日　『創価教育学体系・第四巻』※を出版。

このころから、東京市社会局の嘱託《しょくたく》を受け、東京市自治会館に勤務。

郷土誌の調査を行う（昭和12年末ごろまで）。このころ、東京近郊の青年教師の折伏を進め、多くの青年教師が創価教育に集う。

一九三五▼昭和10年春　小冊子『創価教育学体系梗概《こうがい》』を発行。

創価教育学会・研究部の研究所長に就任する。

一九三七▼昭和12年1月27日　創価教育学会の懇親会を行う。席上、初めて同会の名簿が作られ、約100人が名を連ねる（創価教育学会の発足）。

9月5日　小冊子『創価教育法の科学的超宗教的実験証明』を発行。

一九三九▼昭和14年春　福岡県八女郡福島町（現・八女市）の田中國之宅を訪問し、妻の田中シマ代を折伏。翌日、田中夫妻とともに雲仙へ折伏に向かう。

◆『教育女性』
全国小学校連合女教員連合会の月刊雑誌。

◆創価教育学体系
当初、全一二巻で構想されたが実際に出版されたのはこの第四巻まで。

一九四〇▼昭和15年10月20日　創価教育学会第1回総会（麻布・菊水　約60人）に出席する。

12月23日　創価教育学会第2回総会（九段・軍人会館　約300人）に出席し講演する。会長・牧口、理事長・戸田以下の役員が正式に決定される。

一九四一▼昭和16年3月10日　戸田とともに僧俗護法会議に出席。軍国主義の宗教政策に迎合することなく、日蓮大聖人の仏法の正法正義を貫くよう主張する。

7月20日　機関紙『価値創造』創刊。

11月上旬　クマ夫人ら4人を伴い、1週間余の日程で九州訪問。

一九四二▼昭和17年5月10日　『価値創造』第九号発行（これをもって廃刊となる）。

一九四三▼昭和18年5月2日　創価教育学会第6回総会（神田・教育会館　約700人）に出席、講演（創価教育学会最後の総会）。

6月27日　神札を祀《まつ》る件で大石寺から緊急で呼び出しを受け、戸田らと登山。「神札を一応受けるように会員に指示するようにしてはどうか」との申し渡しに、「神札は絶対に受けません」と断言。

6月28日　法主・日恭に再び会い、直諫。「国家諫暁」に立ち上がることを求める。

7月6日　早朝、伊豆の賀茂郡浜崎村須崎（現・下田市須崎）から刑事2人に連行され、下田署で治安維持法違反ならびに不敬罪の容疑で検挙される。

このころ、宗門から、戸田ら幹部と共に「登山止め」処分、末寺参詣禁止の処分を受ける。

9月25日　警視庁から巣鴨の東京拘置所に移される。

一九四四▼昭和19年11月18日　東京拘置所の病監で逝去（享年73）。

20日、10人前後の親族知人が出席して葬儀を営む。

本書は『PUMPKIN VISUAL BOOKS』を
一部加筆修正し、
さらに読みやすく編集致しました。

新装普及版
牧口常三郎　創価教育の源流
2015年5月3日　初版発行
2020年7月3日　5刷発行

発行者　南 晋三
発行所　株式会社 潮出版社
〒102-8110
東京都千代田区一番町6 一番町SQUARE
電話　03-3230-0641（編集）
03-3230-0741（営業）
振替口座　00150-5-61090
印刷・製本　株式会社暁印刷

ISBN978-4-267-02008-7 C0095

http://www.usio.co.jp/